Boris Nsilou

Chéri, c'est un coeur bien sincère que je t'offre

Boris Nsilou

Chéri, c'est un coeur bien sincère que je t'offre

La bouche n'est qu'un interprète du cœur

Éditions Muse

Cover image: www.ingimage.com

Publisher:
Éditions Muse
is a trademark of
Dodo Books Indian Ocean Ltd. and OmniScriptum S.R.L publishing group

120 High Road, East Finchley, London, N2 9ED, United Kingdom
Str. Armeneasca 28/1, office 1, Chisinau MD-2012, Republic of Moldova, Europe
Printed at: see last page
ISBN: 978-620-4-96600-7

Boris Nsilou

Chéri, c'est un coeur bien sincère que je t'offre

Ce livre a été publié aux éditions Muse

ISBN : **978-620-4-96600-7**

Remerciements

Le couple Oya, Le couple Ndoudi, le Couple Nganga, le couple Bassonga, le couple Mberé, le couple Bissemo, le couple EDZOUAKIELE, le couple Mankessi, le couple Akanda, le couple Missamou, le couple Oyindza Glory, le couple Mberé, le couple Ngouloubi, le couple Mankessi, le couple Gnouroubia.

Préface

Ce livre est, ce qu'on appellerait dans le cinéma: court métrage. Avec une trentaine de pages, l'auteur nous fait quitter la terre en créant l'effet papillon.

Tendre conversation entre deux nouveaux mariés, ce livre n'est pas(sans aucun jeu de mots) un livre sur le mariage. Pas un livre sur le mariage au sens où l'auteur n'y prodigue pas(avec dessein) de leçons conjugales.

Mais l'auteur nous présente une riche conversation contenant de grands trésors en amour. L'auteur nous plonge pour ensuite nous fondre dans une rare philosophie d'amour en utilisant un langage lucide.

Préface de l'auteur

Dialogue avec un homme

Moi: entre aimer et se faire aimer, c'est quoi le plus difficile ?

Lecteur : le plus difficile c'est : se faire aimer. Car aimer, dépend de moi; mais se faire aimer dépend de l'autre.

Moi: tu es marié ?

Moi: oui je le suis depuis déjà trois ans.

Moi: Tu l'aimes, ta femme ? Et est-ce que l'amour est réciproque ?

Lecteur: moi je sais que je l'aime ; mais si elle m'aime, elle, je ne peux le dire avec assurance.

Moi: mais vous êtes ensemble depuis déjà trois années, comment son amour n'est toujours pas clair à tes yeux!

Lecteur: généralement, dans nos relations, c'est juste au début qu'on essaye de montrer chacun son amour pour l'autre et après des années, ces efforts ne sont plus utilisés.

Moi: c'est difficile, tu penses, de montrer à l'autre à tout moment notre affection et attachement?

Lecteur: c'est bien possible !

Moi: huit hommes sur dix, aujourd'hui trompent leur femme. A quoi cela peut être dû ?

Lecteur: ça devient difficile à expliquer aujourd'hui. L'infidélité s'est presque ajouté à nos habitudes. Il y a une femme dite principale, c'est celle-là qui reste à la maison et qui est présentée à tout le monde, et il y a celles que l'on rencontre dehors et avec lesquelles on se divertit.

Moi: pourquoi donc ?

Lecteur: c'est devenu naturel.

Moi : au lieu d'aimer plusieurs fois plusieurs femmes, pourquoi ne pas plusieurs fois aimer une seule femme ?

Dialogue avec une femme

Moi: tu as déjà trahi ton conjoint ?

Femme : oui

Moi : pourquoi ?

Femme : parce qu'il m'avait aussi trahi

Moi : vous êtes toujours ensemble ?

Femme : oui toujours ensemble.

Moi : malgré ça vous vous aimez encore ?

Femme : s'aimer ? Je ne sais pas si on s'aime, je sais juste qu'on vit ensemble.

Les Hommes ne savent pas aimer.

Yann Moix(Rompre)

L'amour ne vieillit pas ; c'est peut-être
ceux qui s'aiment qui peuvent vieillir.

Boris Nsilou

Touché par l'amour, tout Homme devient poète.

Platon

Chéri, c'est un coeur bien sincère que je t'offre

Avant d'aborder l'œuvre

"Si aimer était un diplôme, il y aurait très peu de diplômés"

"L'amour n'est pas la philosophie pour que chacun le définisse à sa manière."

Que veut dire : aimer?

Comment aimer ?

Pourquoi aimer?

Et, qui aimer!

Que veut dire : aimer?

Aimer c'est accepter de vivre pour l'autre, par l'autre et avec l'autre.

Comment aimer ?

Pour aimer : il faut laisser les yeux ouverts sur les qualités de l'autre.

Pourquoi aimer ?

On aime pour épargner notre âme d'une agressive solitude. On aime pour permettre à notre âme de se mirer à travers une autre (âme). On aime: pour mieux apprendre à pleurer, pour mieux apprendre à sourire...(tu peux compléter)

Qui aimer?

A cette question: je te laisse répondre, je te laisse aussi m'instruire, je te laisse m'éclairer.

“Parmi les choses immortelles, l'amour figure !”

Chéri, c'est un coeur bien sincère que je t'offre

Femme: Je ne te ferai pas de compliments; je serai moi-même un compliment pour toi.

Puisque tu m'as aimé et que tu as confirmé ton amour pour moi en m'honorant devant Dieu et devant les hommes, je serai moi-même un compliment pour toi.

Je t'aime, tu le sais. Tu m'aimes, je le sais. Je serai moi-même un compliment pour toi. Et c'est donc un coeur bien sincère que je t'offre.

L'amour ne vieillit pas c'est peut-être ceux qui s'aiment qui vieillissent; alors neuf restera notre amour. On est sur terre c'est vrai. On est sur terre, les problèmes envieront notre amour. Les problèmes tomberont eux aussi amoureux de notre amour; mais parmi les choses immortelles, l'amour figure. L'amour ne meurt jamais. L'amour n'a pas la longévité d'un moustique. On ne peut pas s'aimer lundi et se haïr mardi; car parmi les choses immortelles : l'amour figure.

Homme : Douces sont tes paroles. Mais aux paroles, il n'y a pas que la douceur qu'on réclame, mais aussi la sincérité. Et sincères je trouve tes paroles...

Tu as dit: « je ne te ferai pas des compliments; je serai moi-même un compliment pour toi». C'est même ce que voudrait tout le monde. Au bout d'un moment, on arrête d'entendre ce que disent les gens pour commencer à voir ce qu'ils font. Car les beaux parleurs sont des gens qui font très mal ce qu'ils disent très bien.

Les paroles en l'air sont des paroles que la bouche libère de son propre chef. Mais les paroles vraies sont celles que le cœur libère en se servant de la bouche. Les vraies paroles sont celles que le cœur dit par le canal de la bouche. La bouche doit juste etre un bon serviteur du cœur, un bel interprète pour le cœur.

Ce que tu dis est vraiment agréable; que ton âme ait donc assez de force pour faire ce que ton cœur dit. Tu as encore dit: l'amour ne vieillit pas c'est peut-être ceux qui s'aiment qui vieillissent. C'est vrai. C'est beaucoup vrai. Nous, on vieillira, mais notre amour devrait rester neuf et jeune.

Quand l'amour vieillit : les amoureux crèvent. Quand l'amour vieillit: les amoureux grèvent.

Alors pourquoi dans beaucoup de relations l'amour baisse après six mois; l'amour baisse après deux ans. En ces mots, je répondrai :

C'est parce que les gens font entrer l'habitude dans leurs manières d'être. Quelqu'un disait : tout ce qu'on atteint, s'éteint. Et c'est bien vrai.

On perd une chose à partir du moment qu'on voit cette chose comme étant à nous. Ainsi on peut constater que l'homme ne donne pas assez de valeur à ce qu'il a déjà ; mais il valorise plus ce qu'il veut avoir.

On croit toujours que notre vie deviendra bonne une fois décroché ce qu'on rêve. Et on méprise le bonheur qu'il y a dans nos avoirs du présent. On méprise le bonheur qu'il y a dans les choses qu'on possède déjà. C'est juste quand on les perd qu'on réalise que ces choses(perdues) étaient d'une valeur incroyable. Et on se bat pour avoir encore ce qu'on vient de perdre .

Ce n'est pas mauvais de chercher des choses qu'on a pas encore. Mais c'est beaucoup mauvais d'ignorer la valeur des choses qu'on a déjà eues.

Femme : tu as raison ! Le bonheur de notre vie n'est pas forcément, en cherchant d'avoir telles ou telles choses, parfois c'est juste en préservant mieux ce qu'on a déjà.

Je ne te regarderai jamais comme un homme que j'ai déjà eu, mais plutôt comme un homme que je pourais perdre si j'oubliais mon rôle à ses côtés. Je ne te regarderai jamais comme un homme qui m'aime déjà, mais plutôt comme un homme à qui je dois, jour après jour, prouver mon amour afin de recevoir encore plus d'amour.

Je ne veux rien connaître de l'amour ; mais je veux beaucoup connaître de notre amour ; et t'offrir un coeur bien sincère.

Je ne sais pas s'il est vrai, mais un constat dit que l'infidélité est plus masculine que féminine...

Homme : vrai ou pas vrai, moi non plus je ne le sais... Mais tout ce que je sais, c'est que je n'ai qu'un seul coeur dans la poitrine; et que ce seul coeur n'est qu'à toi seule. L'infidélité ne m'a jamais charmé. Au lieu d'aimer plusieurs fois plusieurs femmes, je préfère, plusieurs fois, aimer la même femme. Je ne peux pas aimer toutes les femmes du monde. Et même si je le voulais, ça me serait toujours impossible; car déjà le nombre exact de femmes m'échappe. Dans ce vaste monde, je ne peux qu'aimer une seule femme; lui laisser sucer, boire, consommer de manière égoïste tout l'amour que mon petit joli coeur a reçu du ciel. Je répète : il n'y a qu'un seul coeur dans ma poitrine et ce seul coeur n'est qu'à toi seule.

Femme : cette robe de mariage, le corps ne la porte qu'une seule fois, mais c'est chaque jour que le cœur la porte.

Aimer n'est pas un jeu, aimer est un engagement. Le mariage n'est pas une simple fête; le mariage est une alliance. Le mariage on le célèbre devant les gens ; mais c'est juste à deux qu'on le vit. Pendant le mariage on invite les gens ; mais dans le mariage on les évite. Je ne veux rien connaître de l'amour; moi, je veux beaucoup connaître de notre amour. Beaucoup ont parlé de l'amour, mais nul n'a encore parlé de notre amour. Le jour du mariage on voit les fleurs partout, on sent les fleurs partout, et on touche les fleurs partout; s'il te plaît chéri, je veux voir ces fleurs jusque dans notre maison.

On ne se marie pas deux fois avec la même personne. On ne se marie pas plusieurs fois avec la même personne, mais on peut, plusieurs fois, revivre le bonheur du mariage. Chéri, c'est donc un coeur bien sincère que je t'offre.

Homme : aimer n'est pas un jeu, aimer est un engagement. C'est vrai. J'ai toujours eu peur d'aimer, j'ai toujours eu peur de me faire aimer. Car aimer n'est pas un jeu, mais un engagement. Alors puisqu'avec toi je me suis engagé, je bat mes peurs et je t'ouvre mon cœur. Je t'aime parce que tu dis beaucoup de bonnes choses; mais je t'aimerai encore beaucoup plus fort si tu fais beaucoup de bonnes choses.

Oui le mariage on le célèbre devant les gens mais c'est juste à deux qu'on le vit.

Oui le jour du mariage on invite les gens mais dans le mariage on les évite. Ne donne à personne d'autre tes oreilles conjugales. Il existe, c'est vrai, des vice-présidents, des directeurs adjoints mais il n'existe pas de vice-maris, de vice-époux ou des maris adjoints.

Oui les fleurs du mariage doivent aussi arriver dans la maison. Oui le mariage n'est pas une simple fête mais une alliance. Oui, on ne se marie pas plusieurs fois avec la même personne mais on peut plusieurs fois revivre le bonheur du mariage, plusieurs fois aimer la même personne, plusieurs fois tomber amoureux de la même personne.

Je suis nul en promesses et fort en réalisations, comme il y a aussi ceux qui sont forts en promesses et nuls en réalisations.

Je ne te promettrai pas la lune, je ne te décrocherai aucune étoile; car comme tu le sais : je ne suis pas un astronaute. À la place de la lune, je te propose mon cœur. À la place des étoiles je te propose mon affection. On ira pas vivre sur Mars ou sur Jupiter. On sera toujours sur cette même terre.

C'est pas en ayant ce qu'on rêve que l'on sera heureux ; c'est peut-être en préservant mieux ce qu'on a déjà. C'est toi que le ciel m'a donnée ; c'est moi que le ciel t'a donné. On a fait beaucoup d'efforts pour être ensemble, alors faisons-en davantage pour demeurer ensemble. Aimons-nous d'un amour que l'on peut voir sans jumelles; d'un amour que l'on peut voir sans faire d'enquêtes.

“L'amour parfait où peut-on le trouver ”?

Beaucoup ont affirmé que c'est un amour qui n'accepte de vivre que dans les films, séries, et livres. Non. L'amour, en lui-même, est déjà parfait. L'expression “Amour parfait ” est un beau pléonasme, c'est une belle redondance; car l'amour est déjà parfait et c'est nous qui avons trop de défauts, c'est nous qui sommes trop imparfaits. Mais l'amour est parfait. L'amour est bien trop bon, bien trop doux, bien trop alléchant.

Qui peut prétendre être plus beau que l'amour

Et plus alléchant que le sourire des gens qu'on aime.

Chaque jour qui passe, on souhaite rencontrer ces personnes.

Ces personnes qui dégagent l'amour, qui parlent l'amour.

Mais le glamour des rêves d'amour nous pompe d'optimisme ;

Dans une époque où tout le monde apprend à être odieux et fastidieux.

Chacun définit l'amour à sa manière

Et ce mot se retrouve avec mille définitions et dix mille interprétations.

On croit que l'amour parfait c'est un amour dans lequel il n'y a pas de problème, pas d'incompréhension... Non. Moi, j'appelle "Amour parfait" cet amour dans lequel on est capable de trouver pour chaque problème, une solution. C'est bien de tout faire pour éviter qu'un problème arrive, mais aussi bien de tout faire pour trouver une solution quand un problème est arrivé.

Il faut être amoureux pour être ensemble ; mais il faut être amoureux et fort(mentalement) pour pour demeurer ensemble. L'amour ne vieillit pas c'est peut-être ceux qui s'aiment qui vieillissent. Parmi les choses immortelles, l'amour figure !

Femme : L'argent fait-il vraiment le bonheur ?

Homme: Non, je dirai. L'argent ne fait pas le bonheur ; l'argent fait **aussi** le bonheur. Car le bonheur n'est pas le fait d'avoir une seule bonne chose; mais c'est le fait d'avoir plusieurs bonnes choses : un bon travail, une bonne femme, une bonne famille, une bonne religion...

L'argent seul ne peut pas faire le bonheur, si bien qu'il soit beaucoup important.

Si l'argent faisait vraiment le bonheur, les milliardaires ne verseraient pas de larmes, il ne se suicideraient pas ... Et le sourire ne se dessinerait pas, même pendant une seconde, sur le visage du pauvre.

Parfois on plonge dans l'amour, trompés par des raisons que même l'amour ignore: « il est beau, il me plait ou elle est belle elle me plait». C'est vrai que ça peut être l'alpha de l'amour; mais l'amour a trop d'exigeance et c'est un engagement. Un engagement qui se couronne par le mariage. Et un mariage qui se veut éternel malgré les problèmes.

Se marier c'est accepter de ne faire qu'un. Deux êtres se décident de ne faire qu'un. Deux âmes s'unissent et acceptent de faire route ensemble aux rythmes de l'amour. Et au nom de l'amour on décide, ensemble, de jouir du meilleur et d'affronter le pire avec des objectifs purs.

Quand tu es joyeux ; je suis joyeux

Et quand tu es triste je suis triste

Je gagne quand tu gagnes

Je perds quand tu perds

Je pleure quand tu pleures

Ton sourire alimente le mien

Et me donne encore plus de force

Quand tu tombes c'est chez moi que la douleur agit

Et quand tu souffres,

c'est sur mes joues que glissent les larmes.

On peut être fort, d'accord !

Mais quand celui quand aime souffre,

On se sent toujours désarmé.

Qui peut demeurer fort;

Quand celui qu'il aime est en souffrance !

Qui peut continuer à sourire

Quand celui qu'il aime continue à pleurer!

Qui peut être encore en vie

Quand celui qu'il aime vient de perdre la vie!

Qui ne sait pas que quand on perd un être cher

On perd aussi une partie de notre propre vie

Parmi les choses immortelles, l'amour figure !

Le plus dangereux des amouricides c'est l'absence de la personne qu'on aime. Car la présence de celui ou celle qu'on aime finit toujours par se transformer en oxygène pour nous.

C'est douloureux de vivre loin de la personne qu'on aime..

Un jour, notre relation aura dix ans. Un jour, notre relation aura vingt ans ; mais notre amour devrait toujours avoir un (01) jour. On devra toujours s'aimer comme au premiers jours. Le premier amour ne doit pas se perdre. Au lieu de te faire des compliments, je préfère moi-même être un compliment pour toi. Comme la bouche n'est qu'un interprète du cœur, entre dans mes mots pour évanouir tes maux.

Je ne peux pas te regarder dans les yeux et te mentir. Te regarder dans les yeux alors que je viens de te tromper. Te regarder dans les yeux alors que je m'apprête à te tromper. Te dire: “ je t'aime ” et le dire à une autre. Il faut insérer un autre coeur dans nos poitrines pour aimer deux femmes; sinon une seule nous suffit. C'est pas pour te montrer ma fidélité que je le dis, mais c'est pour te montrer comment je suis.

Femme: le cœur conjugal n'est pas fait pour aimer deux personnes. Car déjà, on ne peut pas aimer deux personnes à égalité. On aimera toujours l'une plus que l'autre. On ne peut pas les aimer à égalité.

Homme: Que chaque homme apprenne à aimer sa femme et chaque femme son homme. L'amour est immortel. Ne lui créons pas des amouricides. Ne donnons pas aux problèmes la force de tuer notre amour; mais laissons plutôt que notre amour tue les problèmes qui arrivent.

Le divorce n'est pas un bon refuge. On s'aime, oui ou non ? Alors pourquoi se séparer ?

La rupture amoureuse est quelque chose qui a la brutalité du lion. Ainsi ceux qui s'aiment doivent veiller pour conserver le feu de l'amour toujours allumé!

Femme: puisqu'il est ainsi, aimons-nous !

Homme : oui aimons-nous !

Table de matière

Bibliographie

Un père en voyage, *publié aux éditions L'Harmattan(2020)*

Les souris de mon sourire, *publié aux éditions Muse(2022)*

Chéri, c'est un coeur sincère que je t'offre*, éditions Muse (2023)*

Ce livre a été édité en France
Impression par l'institut la Clairvoyance
Dépôt légal : Mai 2023

Printed by Books on Demand GmbH, Norderstedt / Germany